Impressum
Verlag: BABADADA GmbH, Nedderfeld 112 , 22529 Hamburg
Geschäftsführer / Verlagsleitung: Harald Hof
Druck: Books on Demand GmbH, In de Tarpen 42, 22848 Norderstedt

Imprint
Publisher: BABADADA GmbH, Nedderfeld 112 , 22529 Hamburg, Germany
Managing Director / Publishing direction: Harald Hof
Print: Books on Demand GmbH, In de Tarpen 42, 22848 Norderstedt, Germany

1

sekolah

sekolah

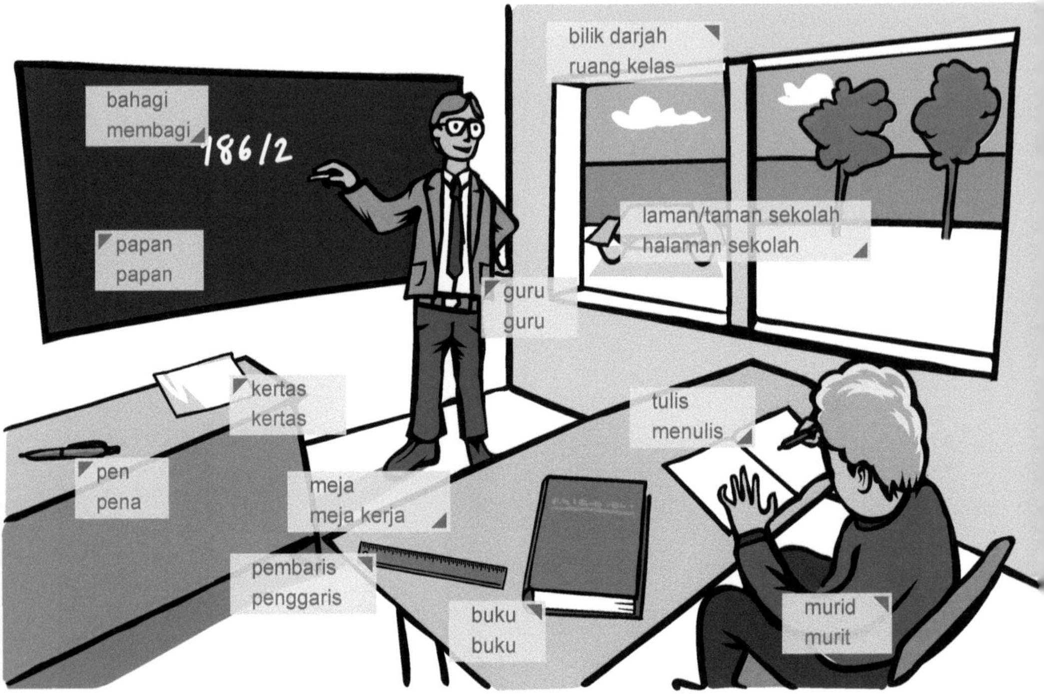
bilik darjah
ruang kelas
bahagi
membagi
186/2
laman/taman sekolah
halaman sekolah
papan
papan
guru
guru
kertas
kertas
tulis
menulis
pen
pena
meja
meja kerja
pembaris
penggaris
buku
buku
murid
murit

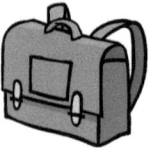

beg galas

tas sekolah

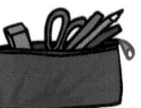

kotak pensel

tempat pensil

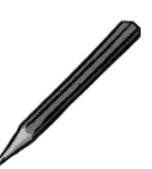

pensel

pensil

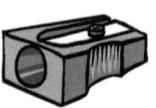

pengasah pensel

pengasah pensil

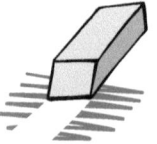

pemadam

penghapus

kertas lukisan

kertas gambar

melukis

gambar

berus lukis

kuas

kotak warna

kotak cat

gunting

gunting

gam

lem

buku latihan

buku latihan

kerja rumah

pekerjaan rumah

nombor

angka

tambah

tambhakan

tolak

mengurangi

darab

mengalikan

kira

menghitung

huruf

huruf

abjad

alfabet

kata

kata

teks
········
teks

baca
········
membaca

kapur
········
kapur

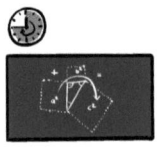

pelajaran
········
pelajaran

daftar
········
daftar

peperiksaan
········
ujian

sijil
········
sertifikat

uniform sekolah
········
seragam sekolah

pendidikan
········
pendidikan

ensiklopedia
········
ensiklopedi

universiti
········
universitas

mikroskop
········
mikroskop

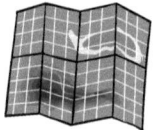

peta
········
peta

bakul sampah
········
tempat sampah

hotel
hotel

Grand

asrama
hostel

ROOMS

pejabat tukaran mata wang
kantor pertukaran mata uang

EXCHANGE

beg pakaian
koper

kereta
mobil

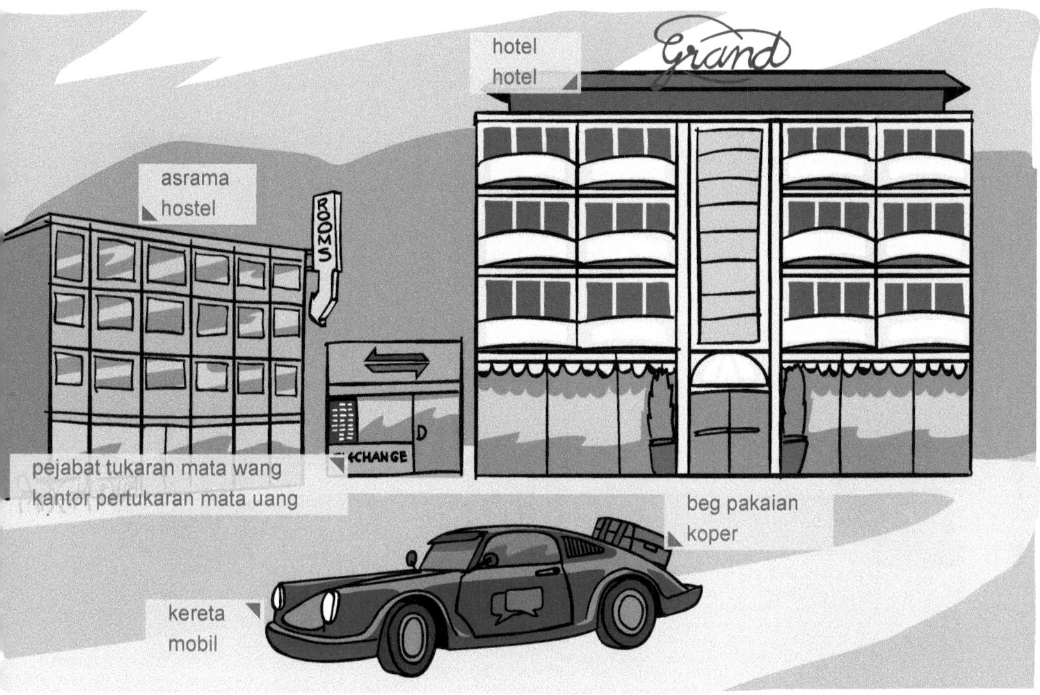

bahasa
bahasa

ya / tidak
ya / tidak

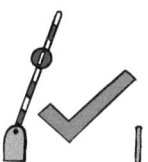

okey
okay

helo
hallo

penterjemah
penerjemah

Terima kasih
terima kasih

berapa banyak…?

Berapa harganya…?

saya tidak faham

saya tidak mengerti

masalah

masalah

Selamat petang!

Selamat malam!

Selamat Pagi!

Selamat siang!

Selamat Malam!

Selamat tidur!

selamat tinggal

sampai jumpa

arah

arah

bagasi

bagasi

beg

tas

beg galas

ransel

tetamu

tamu

bilik tidur

ruang

beg tidur

kantong tidur

khemah

tenda

berjalan - perjalanan

maklumat pelancong

informasi wisata

pantai

pantai

kad kredit

kartu kredit

sarapan

sarapan

makan tengah hari

makan siang

makan malam

makan malam

tiket

tiket

lif

elevator

setem

perangko

sempadan

perbatasan

kastam

cukai

kedutaan

kedutaan

visa

visa

pasport

paspor

pengangkutan
transportasi

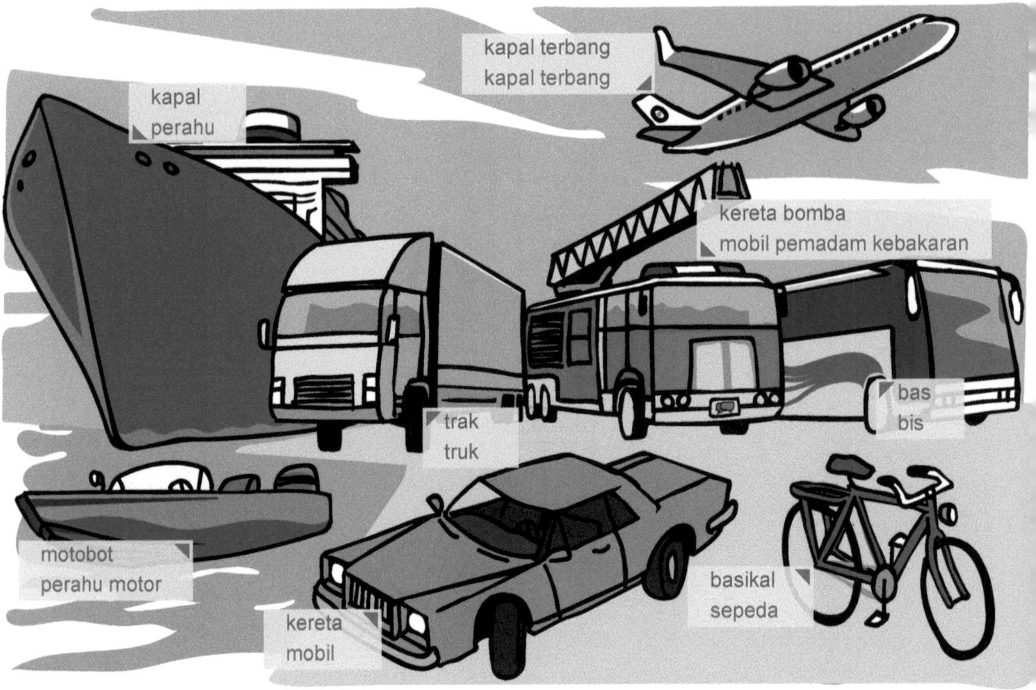
kapal terbang
kapal terbang
kapal
perahu
kereta bomba
mobil pemadam kebakaran
bas
bis
trak
truk
motobot
perahu motor
basikal
sepeda
kereta
mobil

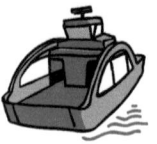

feri

feri

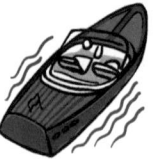

bot

perahu

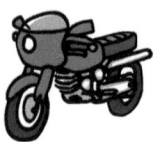

motosikal

sepeda motor

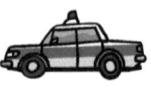

kereta polis

mobil polisi

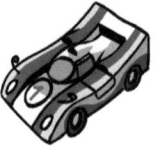

kereta lumba

mobil balapan

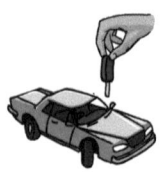

kereta sewa

mobil sewa

berkongsi kereta

berbagi mobil

trak tunda

truk derek

trak menolak

truk sampah

motor

motor

bahan api

bahan bakar

stesen minyak

bensin

tanda trafik

tanda lalulintas

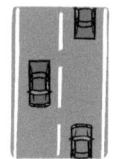

trafik

lalulintas

kesesakan lalu lintas

macet

tempat parkir

parkir mobil

stesen kereta api

stasiun kereta

trek

trek

kereta api

kereta api

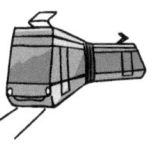

trem

tram

gerabak

gerobak

helikopter

helikopter

lapangan terbang

bendara

Menara

menara

penumpang

penumpang

bekas

container

kadbod

karton

kart

troli

bakul

keranjang

berlepas / mendarat

berangkat / mendarat

bandar
kota

kampung

desa

pusat bandar

pusat kota

rumah

rumah

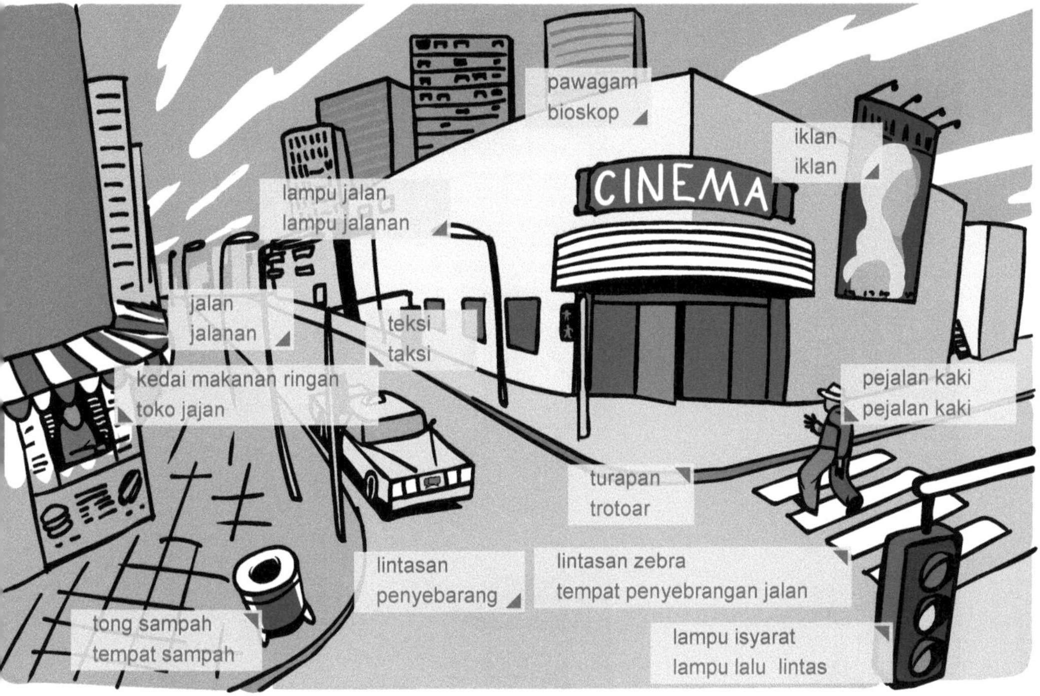

pawagam
bioskop

iklan
iklan

lampu jalan
lampu jalanan

CINEMA

jalan
jalanan

teksi
taksi

kedai makanan ringan
toko jajan

pejalan kaki
pejalan kaki

turapan
trotoar

lintasan
penyebarang

lintasan zebra
tempat penyebrangan jalan

tong sampah
tempat sampah

lampu isyarat
lampu lalu lintas

pondok
gubuk

flat
rumah flat

stesen kereta api
stasiun kereta

dewan bandar
balai kota

muzium
museum

sekolah
sekolah

bandar - kota

universiti

universitas

bank

bank

hospital

rumah sakit

hotel

hotel

farmasi

farmasi

pejabat

kantor

kedai buku

toko buku

kedai

toko

kedai bunga

toko bunga

pasar raya

supermarket

pasaran

pasar

gedung

toko serba ada

penjual ikan

nelayan

pusat membeli-belah

pusat belanja

pelabuhan

pelabuhan

taman
taman

bangku
banku

jambatan
jembatan

tangga
tangga

bawah tanah
kereta bawah tanah

terowong
terowongan

hentian bas
pemberhantian bis

bar
bar

restoran
restauran

peti surat
kotak surat

papan tanda jalan
tanda jalan

meter parkir
meteran parkir

zoo
kebun binatang

kolam renang
kolam renang

masjid
mesjid

ladang
pertanian

pencemaran
polusi

tanah perkuburan
kuburan

gereja
gereja

taman permainan
tempat bermain

kuil
pura

landskap
pemandangan

daun
daun

tiang tanda
penunjuk arah

jalan
jalanan

padang rumput
padang rumput

batu
batu

pejalan kaki
pejalak kaki

pokok
pohon

sungai
sungai

rumput
rumput

bunga
bunga

lembah

lembah

bukit

bukit

tasik

danau

hutan

hutan

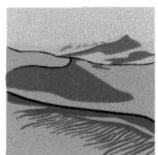

padang pasir

padang gurun

gunung berapi

gunung berapi

istana

istana

pelangi

pelangi

cendawan

jamur

pokok kelapa sawit

pohon palem

nyamuk

nyamuk

terbang

lalat

semut

semut

lebah

lebah

labah-labah

laba-laba

landskap - pemandangan

kumbang

kumbang

katak

kodok

tupai

tupai

landak

landak

arnab

kelinci

burung hantu

burung hantu

burung

burung

angsa

angsa

babi jantan

babi jantan

rusa

rusa

moose

rusa

empangan

bendungan

turbin angin

turbin angin

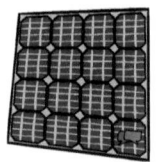

panel solar

panel surya

iklim

iklim

restoran
restauran

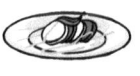

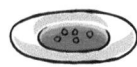

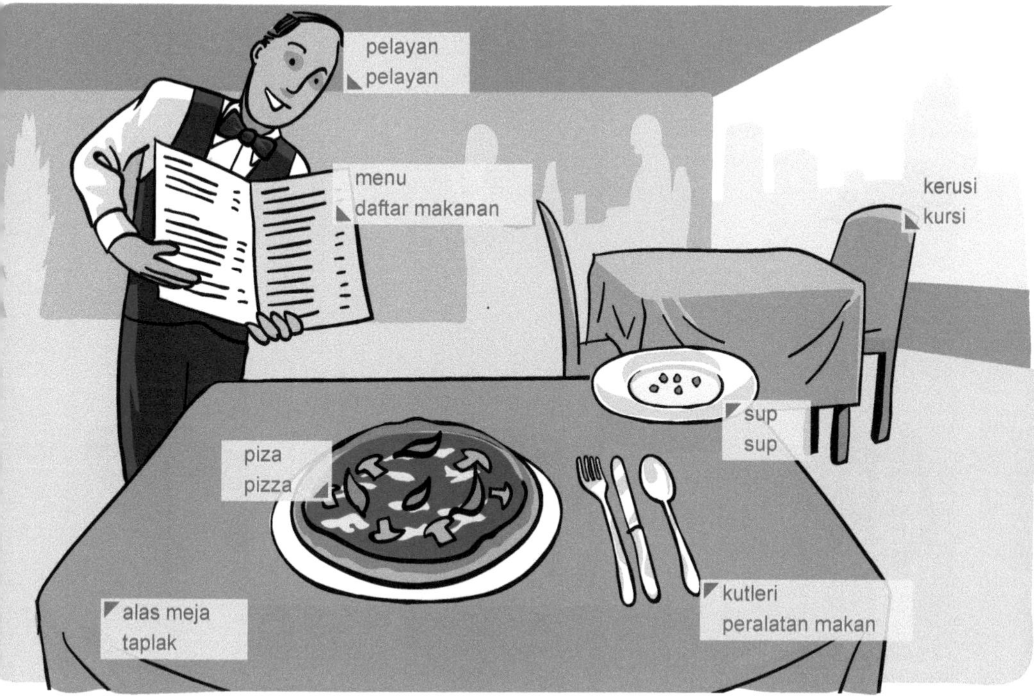

pelayan
pelayan
menu
daftar makanan
kerusi
kursi
sup
sup
piza
pizza
kutleri
peralatan makan
alas meja
taplak

pemula

hindangan pembuka

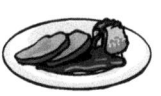

hidangan utama

hidangan utama

pencuci mulut

hidangan penutup

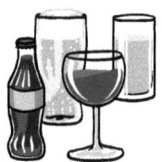

minuman

minuman

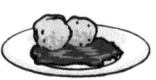

makanan

makanan

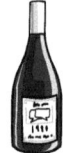

botol

botol

makanan segera

fastfood

makanan jalanan

masakan jalanan

teko

teko teh

mangkuk gula

kaleng gula

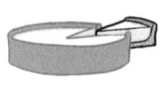

bahagian

porsi

mesin espreso

mesin espresso

kerusi tinggi

kursi tinggi

bil

tagihan

dulang

baki

pisau

pisau

garfu

garpu

sudu

sendok

sudu teh

sendok teh

serviette

serbet

gelas

gelas

restoran - restauran

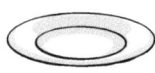

pinggan
piring

mangkuk sup
piring sup

piring
lepek

sos
saus

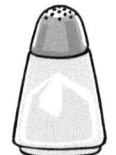

tempat garam
tempat garam

pengisar lada
gilingan merica

cuka
cuka

minyak
minyak

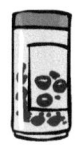

rempah
bumbu

sos
saus tomat

mustard
mustar

mayones
mayones

pasar raya

supermarket

tawaran istimewa
penawaran khusus
FOR
pelanggan
klien
tenusu
produk susu
buah-buahan
buah
troli
troli

BUTCHERS

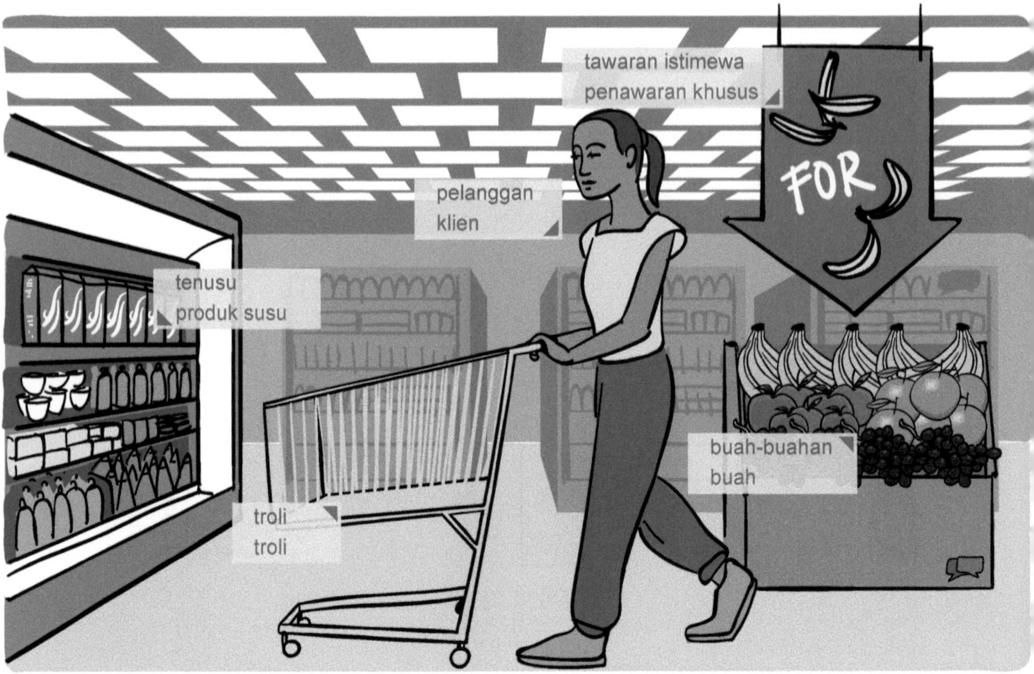

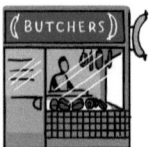

tukang daging

pembantai

BAKERY

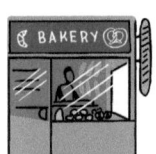

kedai roti

toko roti

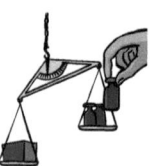

berat

menimbang

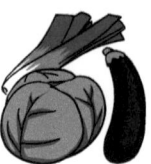

sayur-sayuran

sayur

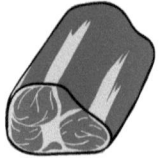

daging

daging

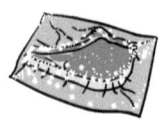

makanan sejuk beku

makanan beku

daging sejuk

pemotongan dingin

makanan dalam tin

makanan kaleng

serbuk pencuci

sabun serbuk

gula-gula

permen

produk isi rumah

alat-alat rumah tangga

produk pembersihan

obat pembersihan

orang jualan

penjual

daftar tunai

kasa

juruwang

kasir

senarai membeli-belah

daftar belanja

waktu pembukaan

jam buka

beg duit

dompet

kad kredit

kartu kredit

beg

tas

beg plastik

kantong plastik

air
air

jus
jus

susu
susu

kola
cola

wain
anggur

bir
bir

alkohol
alkohol

koko
coklat

the
teh

kopi
kopi

espreso
espresso

kapucino
cappucino

makanan

pisang

pisang

epal

apel

oren

jeruk

tembikai

semangka

lemon

jeruk lemon

lobak merah

wortel

bawang putih

bawang putih

buluh

bambu

bawang

bawang bombai

cendawan

jamur

kacang

kacang

mi

mi

spageti

spagetti

nasi

nasi

salad

salat

kerepek

kentang goreng

kentang goreng

kentang goreng

piza

pizza

hamburger

hamburger

sandwic

sandwich

kutlet

sayatan

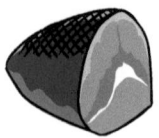

ham

ham

salami

salami

sosej

sosis

ayam

ayam

panggang

menggoreng

ikan

ikan

makanan - makanan

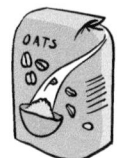

bubur oat

bubur gandum

muesli

sereal

emping jagung

cornflakes

tepung

tepung

kroisan

croissant

roti roll

roti

roti

roti

roti bakar

toast

biskut

biskuit

mentega

mentega

dadih

dadih

kek

kue

telur

telur

telur goreng

telur goreng

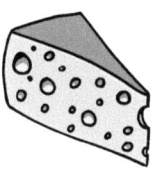

keju

keju

ais krim

eskrim

gula

gula

madu

madu

jem

selai

krim nougat

krim nugat

kari

kare

makanan - makanan

ladang

pertanian

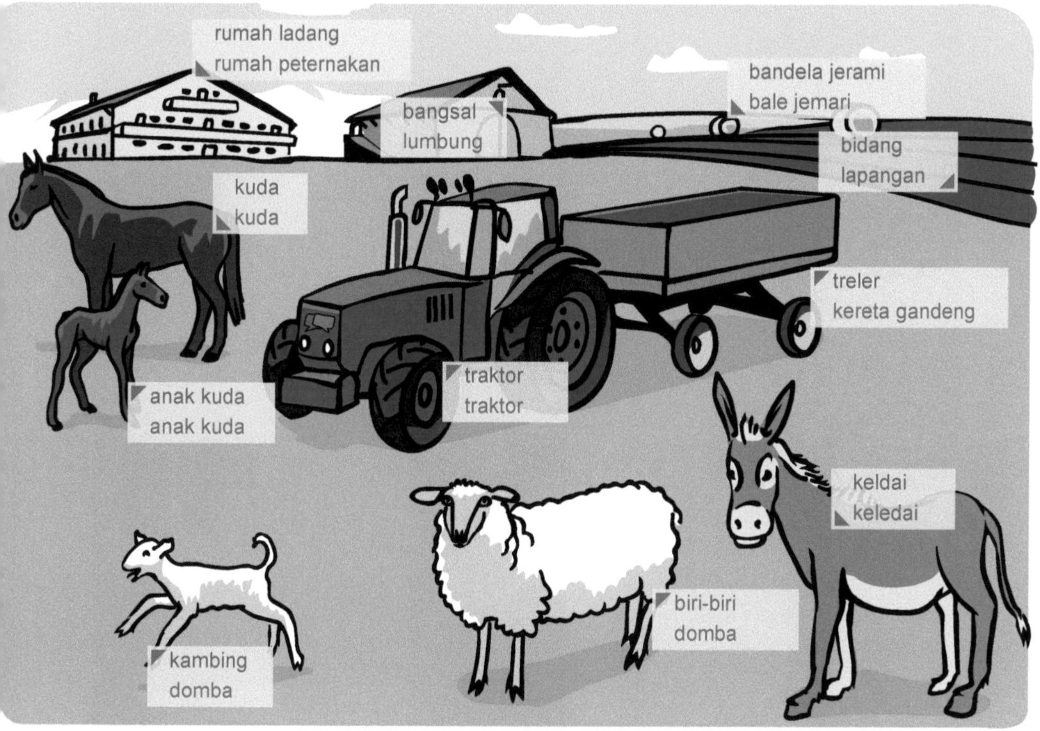
rumah ladang
rumah peternakan
bangsal
lumbung
bandela jerami
bale jemari
bidang
lapangan
kuda
kuda
treler
kereta gandeng
traktor
traktor
anak kuda
anak kuda
keldai
keledai
biri-biri
domba
kambing
domba

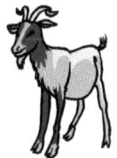

kambing

kambing

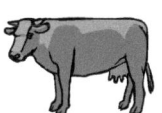

lembu

sapi

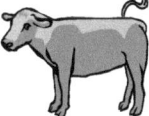

anak lembu

betis

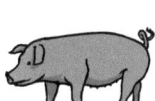

babi

babi

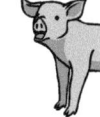

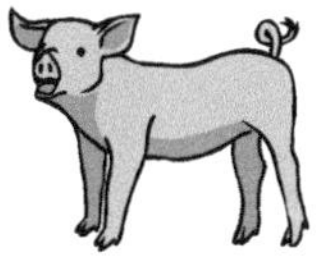

anak babi

celeng

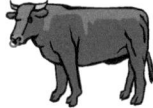

lembu

banteng

angsa

angsa

itik

bebek

anak ayam

anak ayam

ayam betina

ayam

ayam jantan muda

ayam jantan

tikus

tikus

kucing

kucing

tikus

tikus

lembu jantan

lembu

anjing

anjing

rumah anjing

rumah anjing

hos taman

selang

bekas siraman

penyiram

sabit

sabit

bajak

bajak

sabit

sabit

cangkul

cangkul

serampang peladang

garpu rumput

kapak

kapak

kereta sorong

gerobak

palung

palung

tin susu

kaleng susu

karung

karung

pagar

pagar

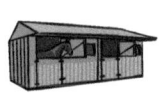

stabil

kandang

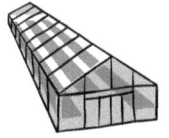

rumah hijau

rumah kaca

tanah

tanah

benih

benih

baja

pupuk

jentuai

mesin pemanen

tuai

panen

menuai

panen

keladi

yams

gandum

gandum

soya

kedelai

kentang

kentang

jagung

jagung

biji sawi

lobak

pokok buah-buahan

pohon buah

ubi kayu

singkong

bijirin

sereal

rumah

rumah

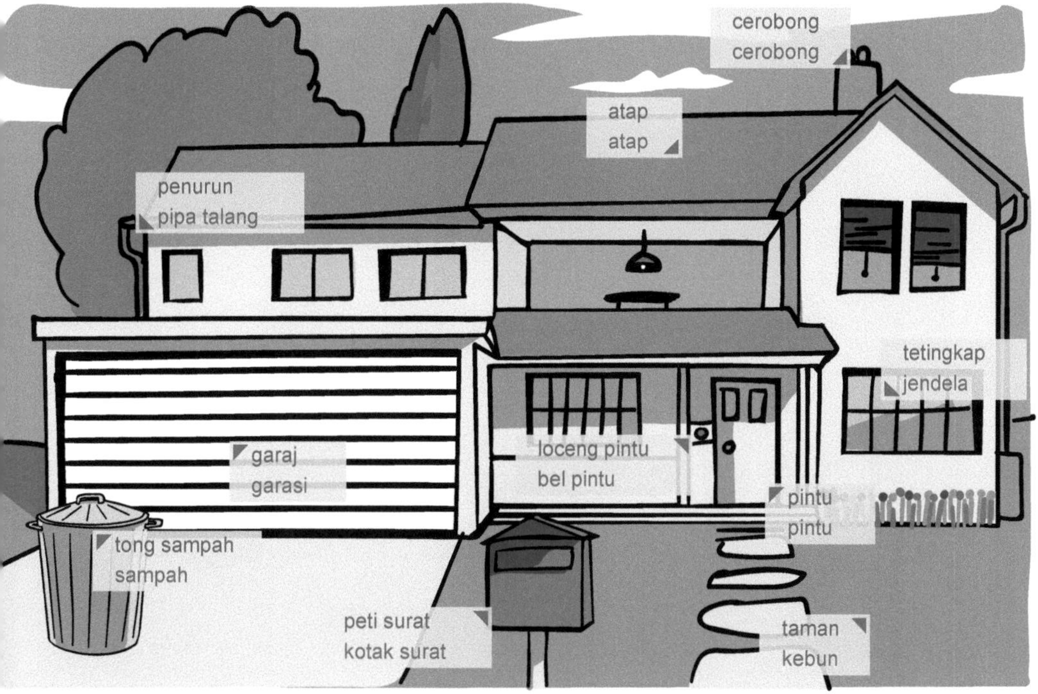

cerobong
cerobong
atap
atap
penurun
pipa talang
tetingkap
jendela
garaj
garasi
loceng pintu
bel pintu
pintu
pintu
tong sampah
sampah
peti surat
kotak surat
taman
kebun

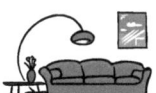

ruang tamu

ruang tamu

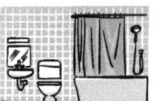

bilik air

kamar mandi

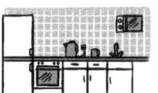

dapur

dapur

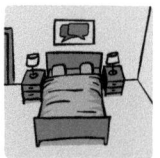

bilik tidur

kamar tidur

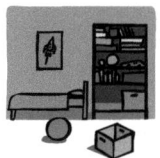

bilik kanak-kanak

kamar anak

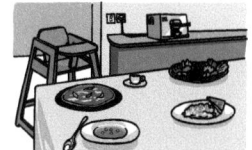

ruang makan

kamar makan

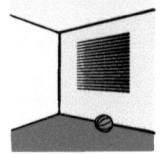

lantai
lantai

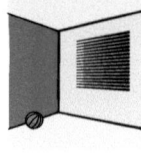

dinding
tembok

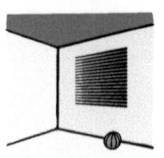

siling
atap

bilik bawah tanah
gudang di bawah tanah

sauna
sauna

balkoni
balkon

teres
teras

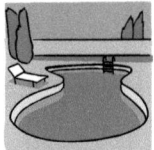

kolam renang
kolam renang

pemotong rumput
mesin pemotong rumput

lembaran
sprei

penutup tilam
selimut

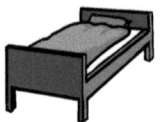

katil
tempat tidur

penyapu
sapu

timba
ember

suis
tombol

ruang tamu
ruang tamu

kertas dinding
kertas dinding
gambar
gambar
lampu
lampu
rak
rak
kabinet
kabinet
televisyen
televisi
pendiangan
perapian
bunga
bunga
kusyen
bantal
sofa
sofa
pasu
vas
alat kawalan jauh
remote control

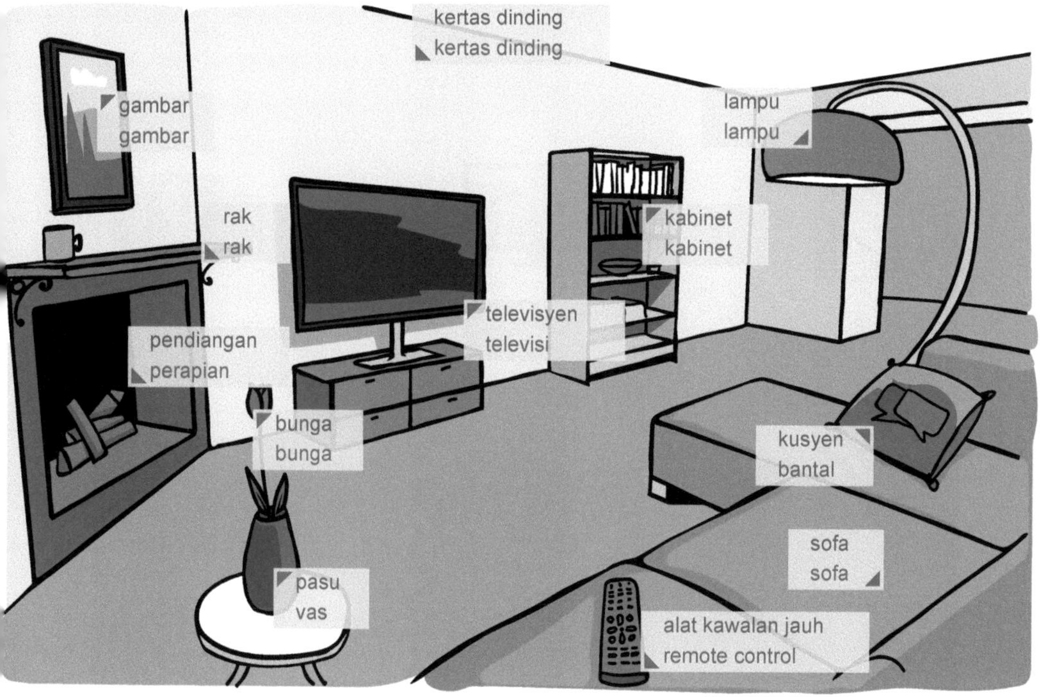

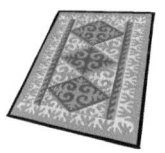

permaidani
karpet

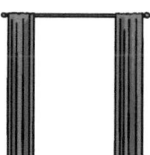

tirai
korden

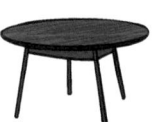

meja
meja

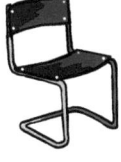

kerusi
kursi

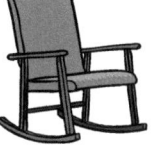

kerusi malas
kursi goyang

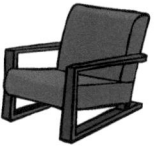

kerusi
kursi malas

buku

buku

selimut

selimut

hiasan

dekorasi

kayu api

kayu bakar

filem

filem

hi-fi

hi-fi

kunci

kunci

akhbar

koran

lukisan

lukisan

poster

poster

radio

radio

buku catatan

buku tulis

penyedut habuk

penyedot debu

kaktus

kaktus

lilin

lilin

dapur
dapur

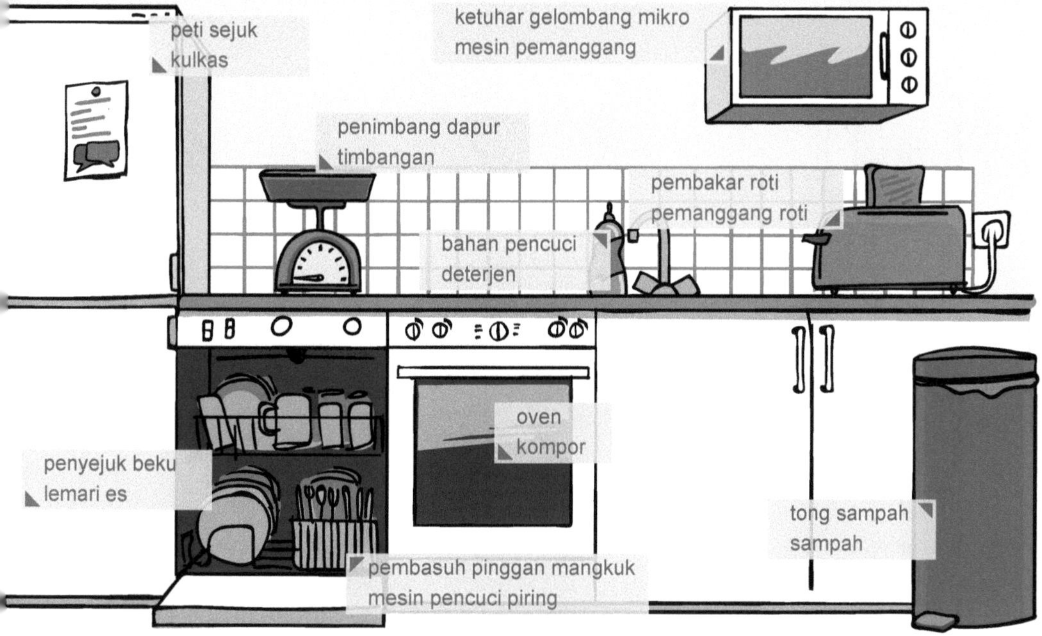
peti sejuk
kulkas
ketuhar gelombang mikro
mesin pemanggang
penimbang dapur
timbangan
pembakar roti
pemanggang roti
bahan pencuci
deterjen
oven
kompor
penyejuk beku
lemari es
tong sampah
sampah
pembasuh pinggan mangkuk
mesin pencuci piring

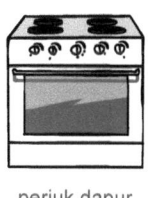

periuk dapur

kompor

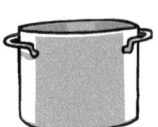

periuk

panci

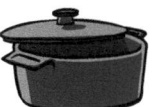

periuk besi

panci besi

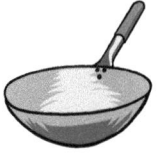

kuali

wajan

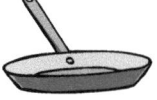

pan

panci

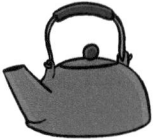

cerek

pemanas air

pengukus

panci pengukus makanan

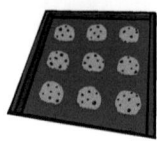

dulang pembakar

nampan

pinggan mangkuk

piring

koleh

cangkir

mangkuk

mangkok

penyepit

sumpit

senduk

sendok sup

spatula

sudip

pengadun

mengocok

penapis

saringan

ayak

saringan

pemarut

parutan

mortar

mortir

barbeku

barbeque

pembakaran terbuka

api terbuka

papan pencincang

papan memotong

pin golekan

gilingan

skru gabus

alat pembuka botol

tin

kaleng

pembuka tin

pembuka kaleng

pemegang periuk

pegangan panci

sinki

wastafel

berus

sikat

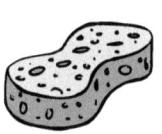

span

busa

pengisar

mesin pencampur

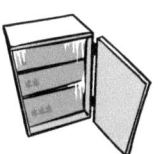

penyejuk beku

lemari es

botol bayi

botol bayi

paip

keran

bilik air

kamar mandi

pemanasan
mesin pemanas
tuala
handuk
mandi
mandi
tirai mandi
tirai kamar mandi
mandi buih
mandi busa
tab mandi
bak mandi
gelas
gelas
mesin basuh
mesin cuci
jubin
ubin
paip
keran
tandas
pispot
sinki
wastafel

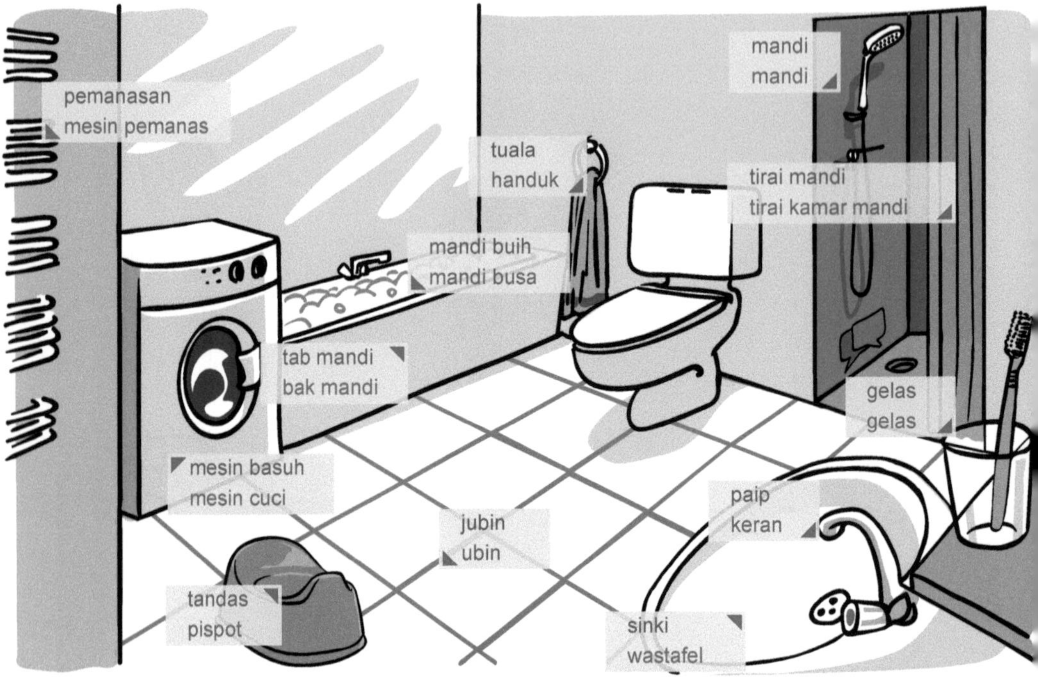

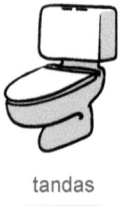

tandas

toilet

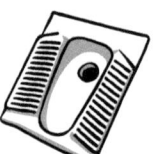

tandas mencangkung

toilet jongkok

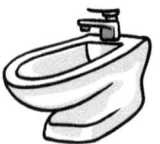

mangkuk tandas

bidet

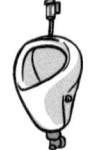

tandas awam

pissoir

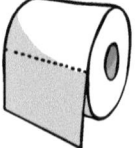

kertas tandas

kertas toilet

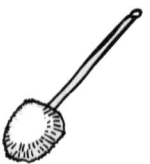

berus tandas

sikat toilet

berus gigi

sikat gigi

ubat gigi

pasta gigi

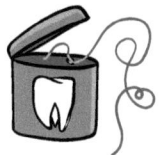

flos gigi

benang gigi

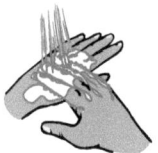

cuci

menyuci

mandian tangan

pancuran tangan

pancuran

pancuran

besen

bak

belakang berus

sikat punggung

sabun

sabun

gel mandian

gel mandi

syampu

sampo

flanel

planel

longkang

kuras

krim

krim

deodoran

deodoran

cermin

kaca

cermin tangan

cermin tangan

pisau cukur

pisau cukur

busa cukur

busa cukur

selepas cukur

aftershave

sikat

sisir

berus

sikat

pengering rambut

alat pengering rambut

semburan rambut

semprot rambut

mekap

makeup

gincu

lipstik

varnis kuku

cat kuku

bulu kapas

kapas

gunting kuku

gunting kuku

pewangi

minyak wangi

beg basuhan

kantong pencuci

bangku

bangku

skala berat

timbangan

jubah mandi

mantel mandi

sarung tangan getah

sarung tangan karet

kapas

tampon

tuala wanita

handuk pembalut

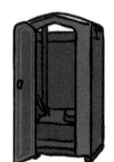

tandas kimia

toilet kimia

bilik kanak-kanak

kamar anak

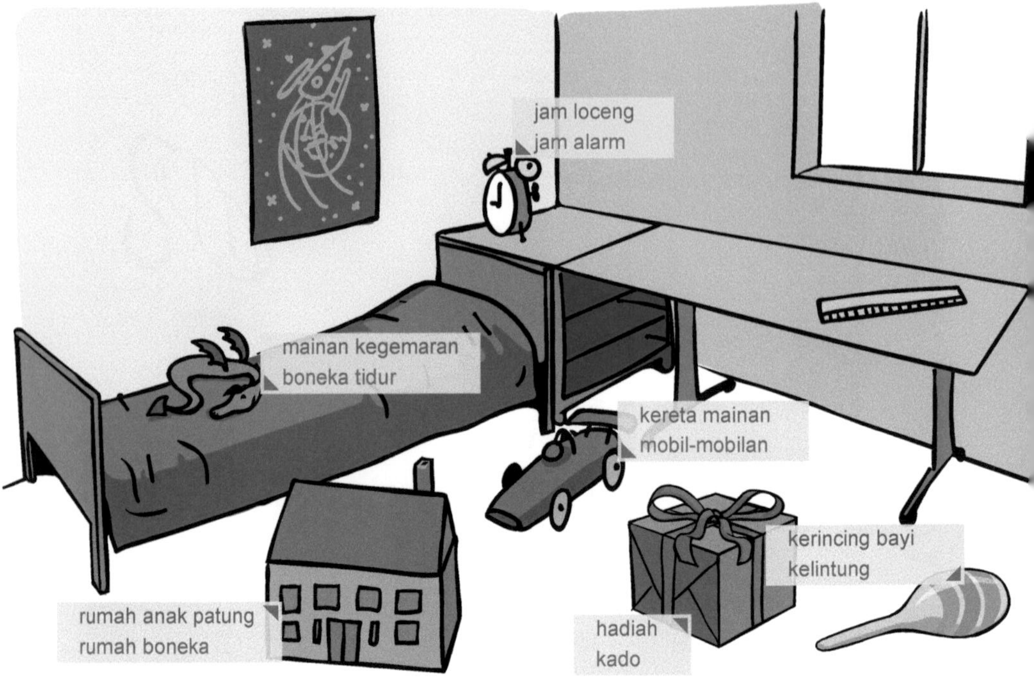
jam loceng
jam alarm
mainan kegemaran
boneka tidur
kereta mainan
mobil-mobilan
kerincing bayi
kelintung
rumah anak patung
rumah boneka
hadiah
kado

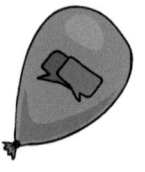

belon

balon

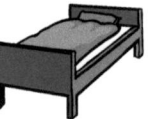

katil

tempat tidur

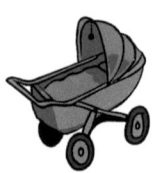

kereta sorong bayi

kereta bayi

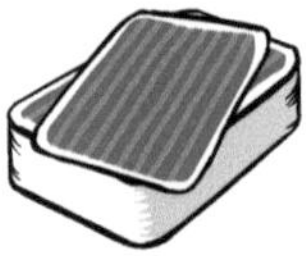

set kad

mainan kartu

susun suai gambar

teka-teki

SUPER
MEGA

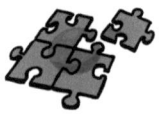

komik

komik

batu bata lego

mainan lego

blok mainan

blok mainan

figura aksi

figur aksi

baju bayi

baju monyet

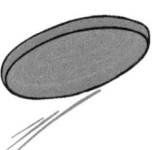

frisbee

frisbee

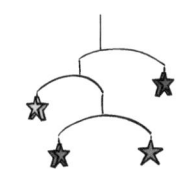

mainan bayi mudah alih

mobile

permainan papan

permainan papan

dadu

dadu

set model kereta api

set model kreta api

palsu

dot

parti

pesta

buku bergambar

buku gambar

bola

bola

anak patung

boneka

main

bermain

lubang pasir

tempat main pasir

buai

ayunan

mainan

mainan

konsol permainan video

video game konsol

basikal roda tiga

sepeda roda tiga

anak patung beruang

teddy

almari pakaian

lemari pakaian

pakaian

pakaian

stoking

kaos kaki

stoking

kaos kaki

ketat

baju ketat

skarf
syal

payung
payung

g/keselamatan

kemeja-t
kaos

but
sepatu bot

selipar
sandal

kasut sukan
sepatu

sandal
sandal

kasut
sepatu

but getah
sepatu bot karet

seluar dalam
celana dalam

coli
BH

ves
baju rompi

badan

body

Seluar panjang

celana

jean

jeans

skirt

rok

blaus

blus

kemeja

kemeja

baju panas sarung

aket berkerudung

sweater

sweater

blazer

jaket

jaket

jaket

kot

mantel

baju hujan

jas hujan

kostum

kostum

pakaian

gaun

baju pengantin

gaun pengantin

sut
....
setelan resmi

baju tidur
....
gaun tidur

baju tidur
....
piyama

sari
....
sari

skarf kepala
....
jilbab

serban
....
turban

burqa
....
burka

kaftan
....
kaftan

abaya/jubah
....
abaya

baju renang
....
pakaian renang

seluar renang
....
celana renang

seluar pendek
....
celana pendek

sut balapan
....
olah raga

apron
....
celemek

sarung tangan
....
sarung tangan

butang

kancing

cermin mata

kacamata

gelang tangan

gelang

rantai leher

kalung

cincin

cincin

subang

anting

topi

topi

penyangkut kot

gantungan mantel

topi

topi

tali leher

dasi

zip

ritsleting

topi keledar

helm

pendakap

tali selempang

uniform sekolah

seragam sekolah

seragam

seragam

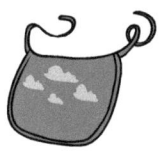

lapik dada

oto

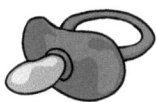

palsu

dot

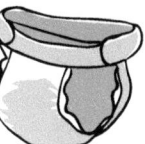

lampin

popok

pejabat

kantor

pelayan
server
kabinet fail
lemari arsip
mesin pencetak
pencetak
kertas
kertas
monitor
layar
tetikus
mouse komputer
meja
meja kerja
folder
tempat pengarsipan
papan kekunci
papan tombol
bakul sampah
tempat sampah
kerusi
kursi
komputer
computer

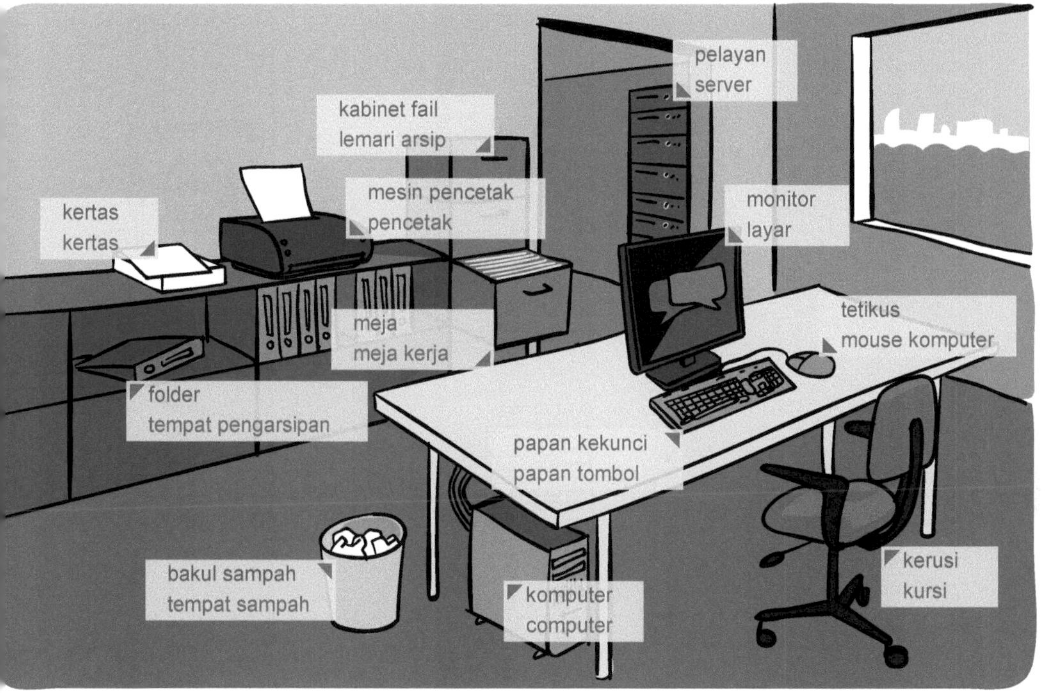

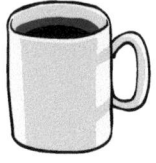

cawan kopi

cangkir kopi

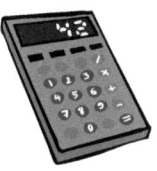

kalkulator

kalkulator

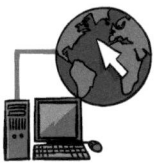

internet

internet

komputer riba

laptop

surat

surat

mesej

pesan

mudah alih

telepon seluler

rangkaian

jaringan

mesin fotokopi

fotokopi

perisian

software

telefon

telepon

soket plag

plug soket

mesin faks

mesin fax

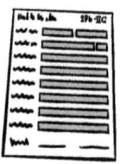

bentuk

formulir

dokumen

dokumen

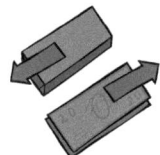

beli

membeli

bayar

membayar

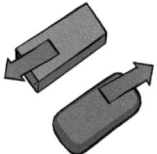

berdagang

berdagang

wang

uang

USD

dolar

Dollar

EUR

euro

Euro

JPY

yen

Yen

RUB

rubel

Rubel

CHF

franc swiss

Franc Swiss

CNY

renminbi yuan

Renminbi Yuan

INR

rupee

Rupiah

mata tunai

ATM

pejabat tukaran mata wang

kantor pertukaran mata uang

emas

emas

perak

perak

minyak

minyak

tenaga

energi

harga

harga

kontrak

kontrak

cukai

pajak

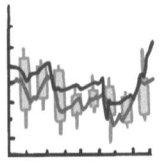

stok

saham

kerja

bekerja

pekerja

karyawan

majikan

majikan

kilang

pabrik

kedai

toko

pekerjaan

pekerjaan

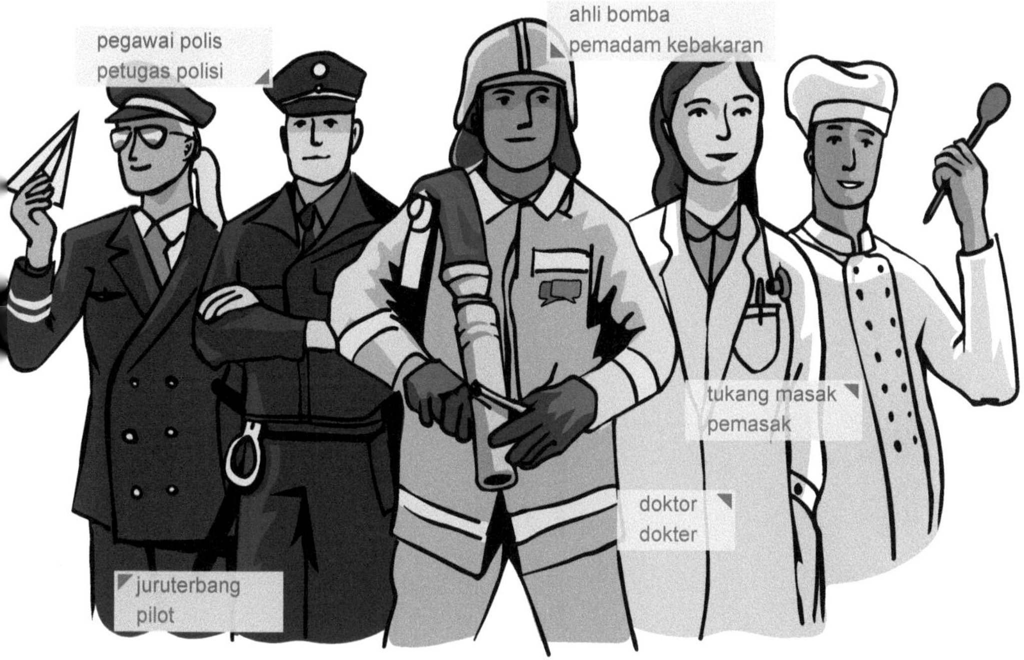
pegawai polis
petugas polisi
ahli bomba
pemadam kebakaran
tukang masak
pemasak
doktor
dokter
juruterbang
pilot

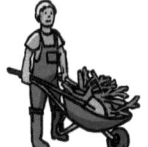

tukang kebun

tukan kebun

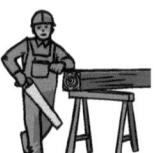

tukang kayu

tukang kayu

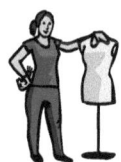

tukang jahit

penjahit wanita

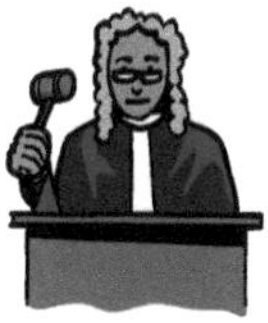

hakim

hakim

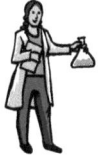

ahli kimia

ahli kimia

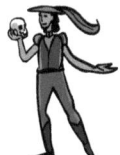

pelakon

aktor

pemandu bas

sopir bis

pemandu teksi

sopir taksi

nelayan

nelayan

wanita pencuci

pembantu

kasau

tukang atap

pelayan

pelayan

pemburu

pemburu

pelukis

pelukis

bakeri

tukang roti

juruelektrik

tukang listrik

pembangun

pembangun

jurutera

insinyur

penjual daging

tukang daging

tukang paip

tukang ledeng

posmen

tukang pos

askar

tentara

arkitek

arsitek

juruwang

kasir

kedai bunga

penjual bunga

pendandan rambut

penata rambut

konduktor

konduktor

mekanik

montir

kapten

kapten

doktor gigi

dokter gigi

ahli sains

ilmuwan

tuhanku

rabbi

imam

imam

sami

biarawan

paderi

pendeta

tukul
palu

pemutar skru
obeng

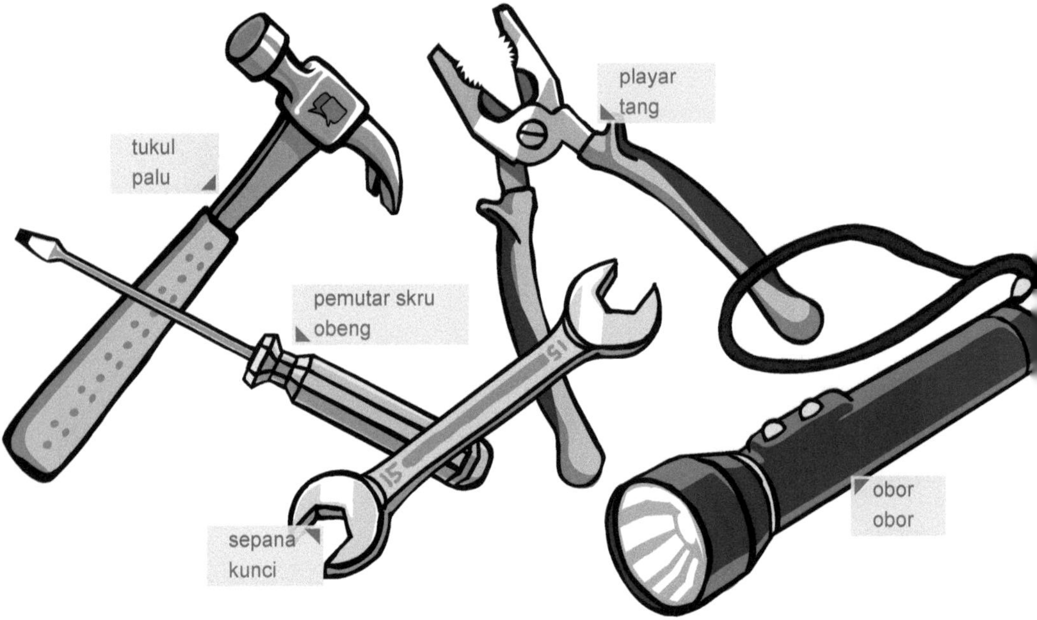

sepana
kunci

playar
tang

obor
obor

pengorek	kotak peralatan	tangga
penggali	tas perkakas	tangga

gergaji	kuku	gerudi
gergaji	paku	bor

baiki
perbaikan

penyodok
sekop

Celaka!
Sialan!

penadah sampah
cikrak

periuk cat
pot cat

skru
sekrup

alat muzik
alat musik

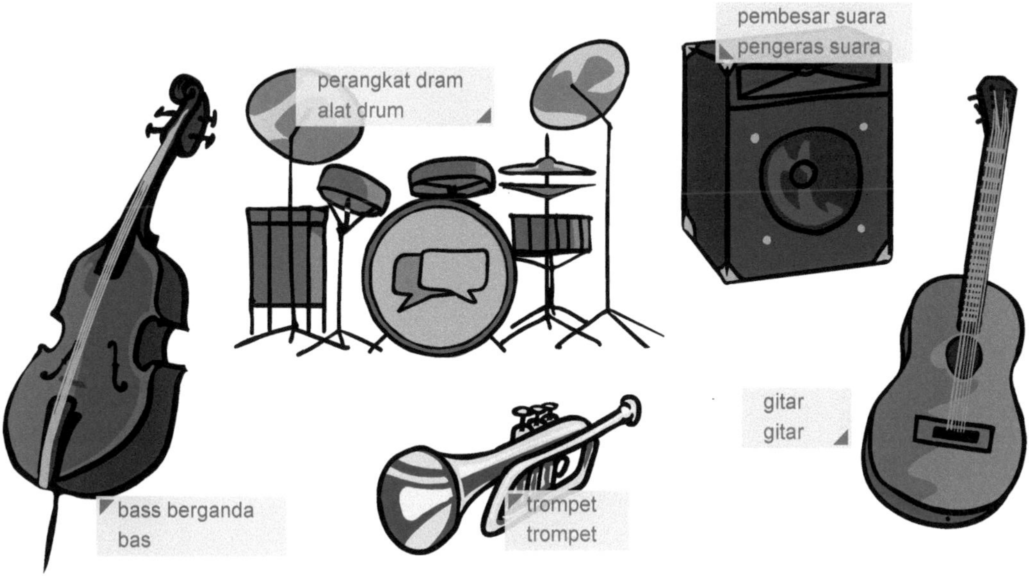

perangkat dram
alat drum

pembesar suara
pengeras suara

gitar
gitar

bass berganda
bas

trompet
trompet

piano

piano

biola

violin

bass

bass

timpani

tambur

dram

drum

papan kekunci

keyboard

saksofon

saksofon

seruling

suling

mikrofon

mikrofon

zoo

kebun binatang

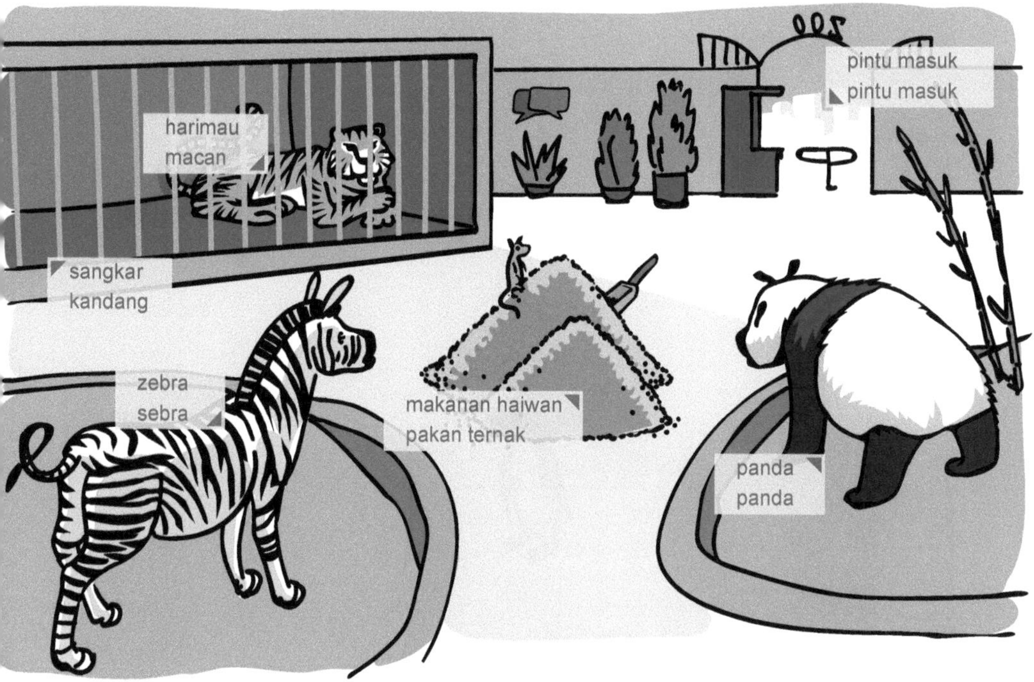

zoo
pintu masuk
pintu masuk
harimau
macan
sangkar
kandang
zebra
sebra
makanan haiwan
pakan ternak
panda
panda

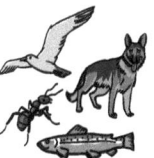

haiwan
hewan

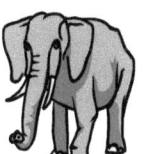

gajah
gajah

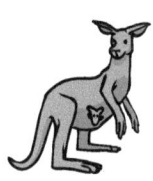

kanggaru
kanguru

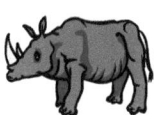

badak sumbu
badak

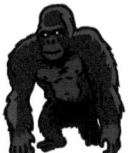

gorila
gorila

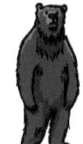

beruang
beruang

unta
unta

burung unta
burung unta

singa
singa

monyet
monyet

flamingo
flamingo

nuri
burung beo

beruang kutub
beruang polar

penguin
penguin

yu
hiu

merak
merak

ular
ular

buaya
buaya

penjaga zoo
penjaga kebun binatang

anjing laut
segel

jaguar
jaguar

zoo - kebun binatang

kuda
....
kuda poni

harimau
....
macan tutul

badak air
....
kuda nil

zirafah
....
jerapah

helang
....
burung elang

babi jantan
....
babi jantan

ikan
....
ikan

penyu
....
kura-kura

anjing laut
....
anjing laut

musang
....
rubah

rusa
....
kijang

bola sepak Amerika
american football

berbasikal
naik sepeda

tenis
tennis

bola keranjang
basketbal

renang
bernang

hoki ais
hoki es

tinju
tinju

bola sepak
sepak bola

badminton
badminton

olahraga
atletik

bola baling
bola tangan

ski
main ski

polo
polo

aktiviti
aktivitas

ketawa
ketawa
lompat
meloncat
peluk
memeluk
berjalan
berjalan
menyanyi
menyanyi
mimpi
mengimpi
berdoa
berdoa
cium
mencium

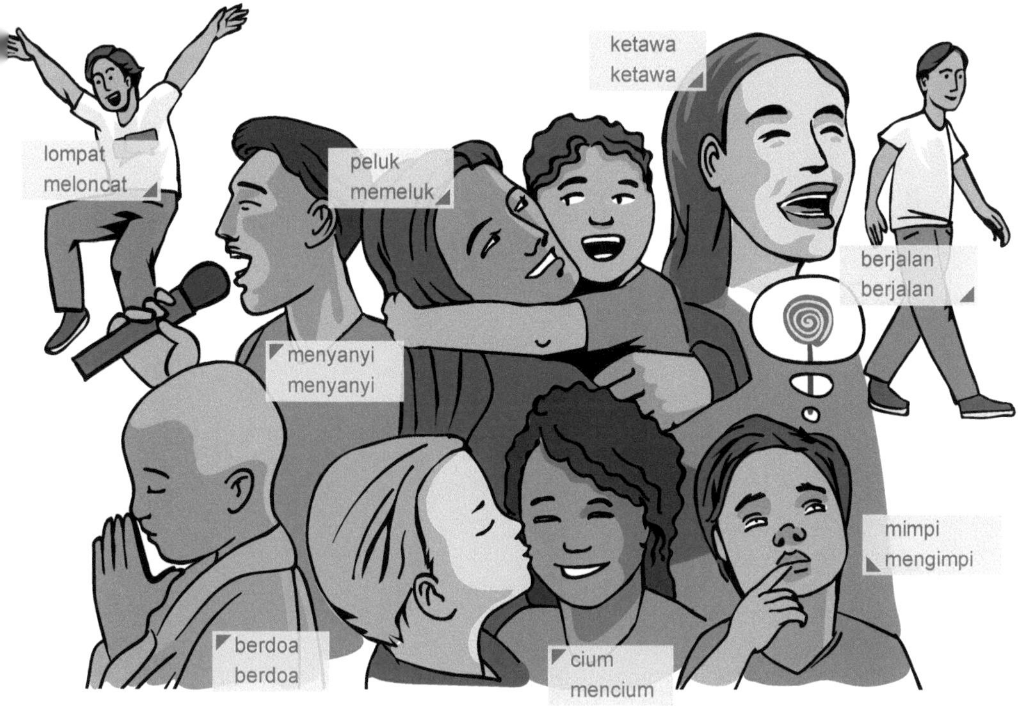

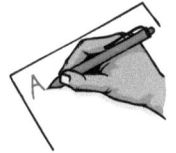

tulis

menulis

lukis

melukis

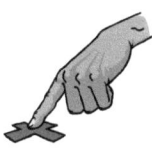

tunjuk

menunjuk

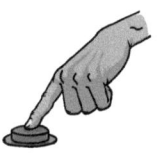

tolak

mendorong

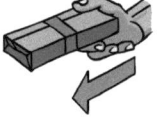

beri

memberikan

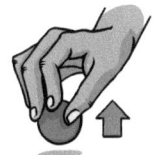

ambil

mengambil

ada
....
mempunyai

buat
....
melakukan

ialah
....
adalah

berdiri
....
berdiri

lari
....
berlari

tarik
....
menarik

buang
....
melempar

jatuh
....
jatuh

tipu
....
tidur

tunggu
....
menunggu

bawa
....
membawa

duduk
....
duduk

pakai
....
berpakaian

tidur
....
tidur

bangkit
....
bangun

lihat pada

melihat

menangis

menangis

strok

mengelus

sikat

menyisir

cakap

berbicara

faham

mengerti

tanya

menanyak

dengar

mendengar

minum

minum

makan

makan

mengemas

merapikan

sayang

cinta

masak

memasak

pandu

menyetir

terbang

terbang

belayar

berlayar

kira

menghitung

baca

membaca

belajar

belajar

kerja

bekerja

nikah

menikah

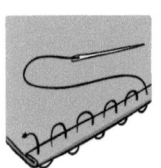

jahit

menjahit

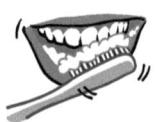

memberus gigi

sikat gigi

bunuh

membunuh

asap

merokok

hantar

kirim

nenek
nenek

datuk
kakek

bapa
bapak

ibu
ibu

bayi
bayi

anak perempuan
putri

anak lelaki
putra

tetamu
tamu

mak cik
bibi

pak cik
paman

abang
kakak laki

kakak
kakak perempuan

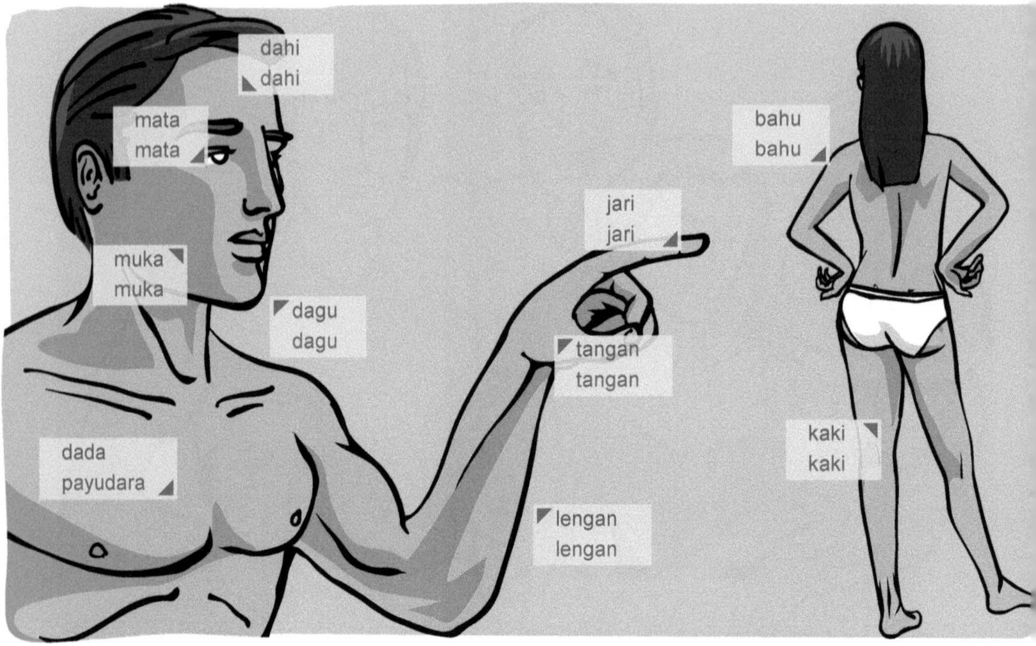

dahi
dahi

mata
mata

bahu
bahu

muka
muka

jari
jari

dagu
dagu

tangan
tangan

dada
payudara

kaki
kaki

lengan
lengan

bayi
....
bayi

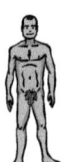

lelaki
....
pria

wanita
....
wanita

perempuan
....
perempuan

lelaki
....
laki

kepala
....
kepala

belakang

punggung

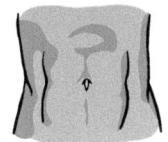

bawah perut

perut

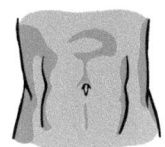

pusat

pusar

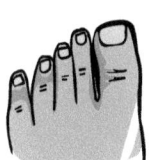

jari kaki

toe

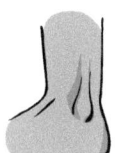

tumit

tumit

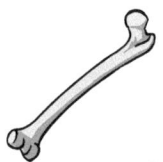

tulang

tulang

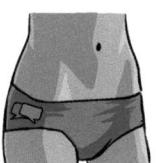

pinggul

pinggang

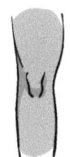

lutut

lutut

siku

siku

hidung

hidung

bawah

pantat

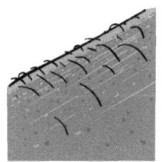

kulit

kulit

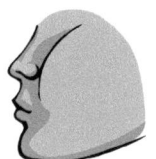

pipi

pipi

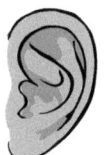

telinga

telinga

bibir

bibir

badan - badan

mulut

mulut

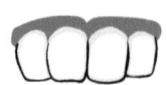

gigi

gigi

lidah

lidah

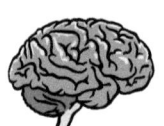

otak

otak

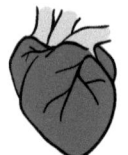

hati

jantung

otot

otot

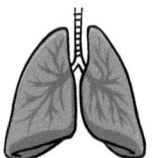

paru-paru

paru-paru

hati

hati

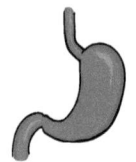

perut

stomach

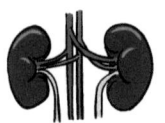

buah pinggang

ginjal

seks

hubungan seks

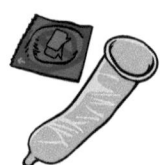

kondom

kondom

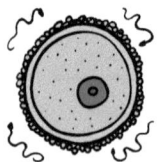

faraj

sel telur

mani

sperma

mengandung

kehamilan

badan - badan

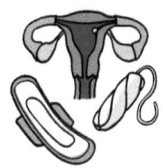

haid

menstruasi

faraj

vagina

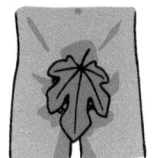

penis

penis

kening

alis

rambut

rambut

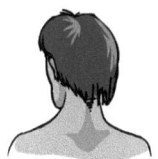

leher

leher

hospital
rumah sakit

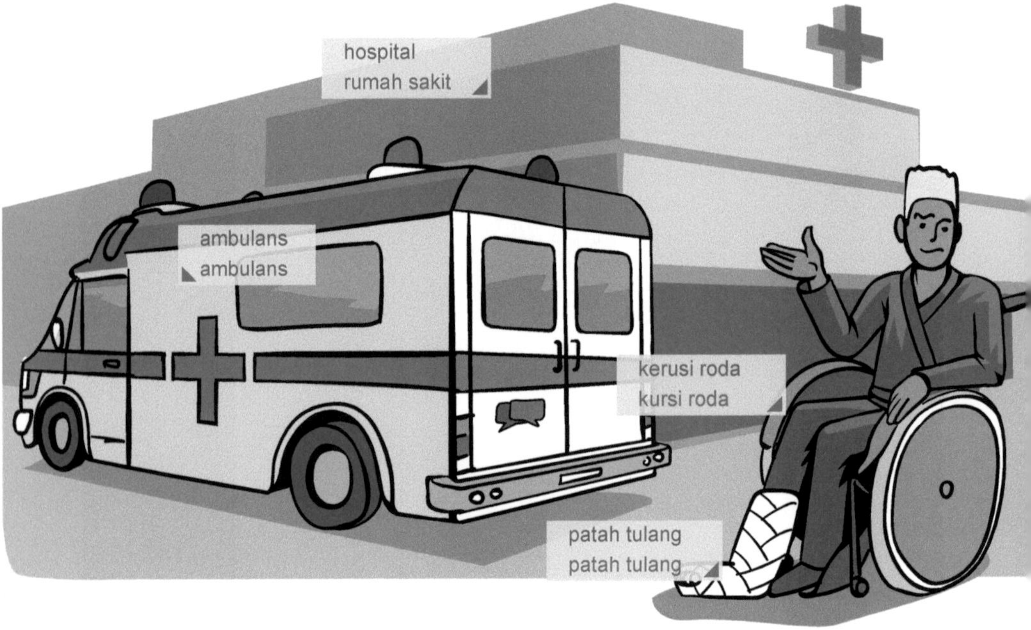

hospital
rumah sakit
ambulans
ambulans
kerusi roda
kursi roda
patah tulang
patah tulang

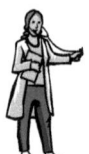

doktor
dokter

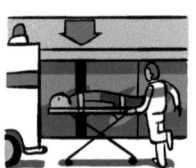

bilik kecemasan
ruang darurat

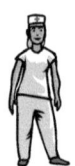

jururawat
perawat

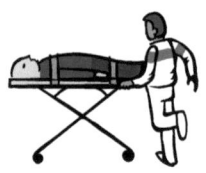

kecemasan
darurat

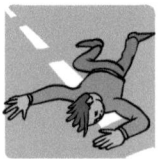

tak sedar
semaput

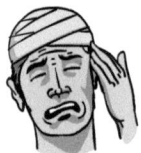

sakit
sakit

kecederaan

cedera

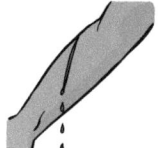

pendarahan

perdarahan

serangan jantung

serangan jantung

strok

stroke

alergi

alergi

batuk

batuk

demam

demam

selesema

flu

cirit-birit

diare

sakit kepala

sakit kepala

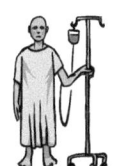

kanser

kanker

diabetes

diabetes

pakar bedah

ahli bedah

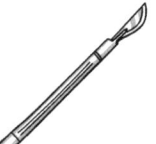

pisau bedah

pisau bedah

pembedahan

operasi

CT

CT

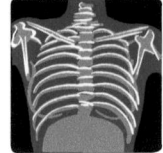

x-ray

sinar x

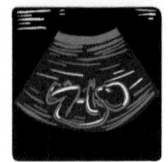

ultrabunyi

usg

topeng muka

topeng

penyakit

penyakit

bilik menunggu

ruang tunggu

penongkat

penyokong

plaster

plester

pembalut

perban

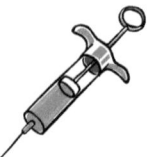

suntikan

injeksi

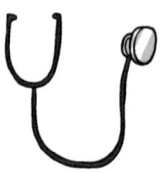

stetoskop

stetoskop

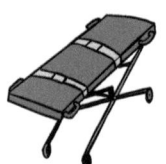

pengusung

usungan

termometer klinik

termometer klinis

kelahiran

kelahiran

berat badan berlebihan

kelebihan berat badan

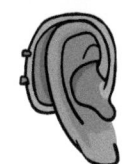

alat pendengaran

alat pendengar

disinfektan

desinfektan

jangkitan

infeksi

virus

virus

HIV / AIDS

HIV / AIDS

perubatan

obat

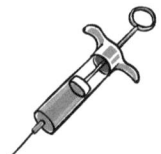

vaksinasi

vaksinasi

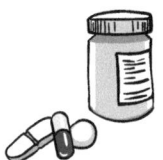

tablet

tablet

pil

pil

panggilan kecemasan

panggilan darurat

pantau tekanan darah

ukur tekanan darah

sakit / sihat

sakit / sehat

darurat

Tolong!
Tolong!

penggera
alarm

serang
penyerbuan

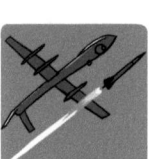

serangan
serangan

bahaya
bahaya

pintu kecemasan
pintu darurat

Api!
Api!

alat pemadam api
alat pemadam kebakaran

kemalangan
kecelakaan

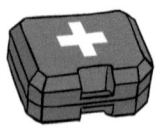

alat pertolongan cemas
kit pertolongan pertama

SOS
SOS

polis
polisi

Eropah

Eropa

Amerika Utara

Amerika Utara

Amerika Selatan

Amerika Selatan

Afrika

Afrika

Asia

Asia

Australia

Australi

Atlantic

Atlantik

Pasifik

Pasifik

Lautan Hindi

Samudra India

Lautan Antartik

Samudra Antartika

Lautan Artik

Samudra Arktik

Kutub utara

kutub utara

Kutub Selatan

kutub selatan

Antartika

Antarktika

bumi

bumi

tanah

tanah

laut

laut

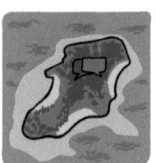

pulau

pulau

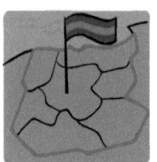

negara

bangsa

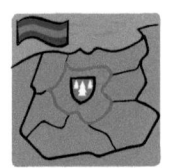

negeri

negara

muka jam

jam wajah

tangan jam

jarum pendek

tangan minit

jarum menit

terpakai

jarum detik

Jam berapa sekarang

Jam berapa?

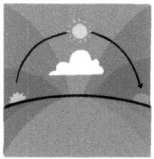

hari

hari

masa

waktu

sekarang

sekarang

jam digital

jam digital

minit

menit

jam

jam

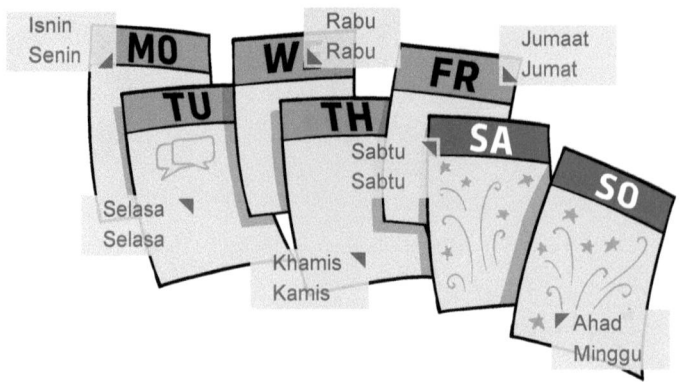

Isnin
Senin

Rabu
Rabu

Jumaat
Jumat

Selasa
Selasa

Sabtu
Sabtu

Khamis
Kamis

Ahad
Minggu

semalam

kemaren

hari ini

hari ini

esok

besok

pagi

pagi

tengah hari

siang

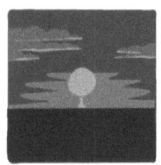

petang

malam

hari kerja

hari kerja

hari minggu

akhir minggu

tahun

tahun

hujan
hujan
pelangi
pelangi
angin
angin
salji
salju
musim bunga
musim semi
musim luruh
musim gugur
musim panas
musim panas
musim salji
musim dingin

4.APRIL 11°
5.APRIL 4°
6.APRIL 13°
7.APRIL 8°
8.APRIL 10°

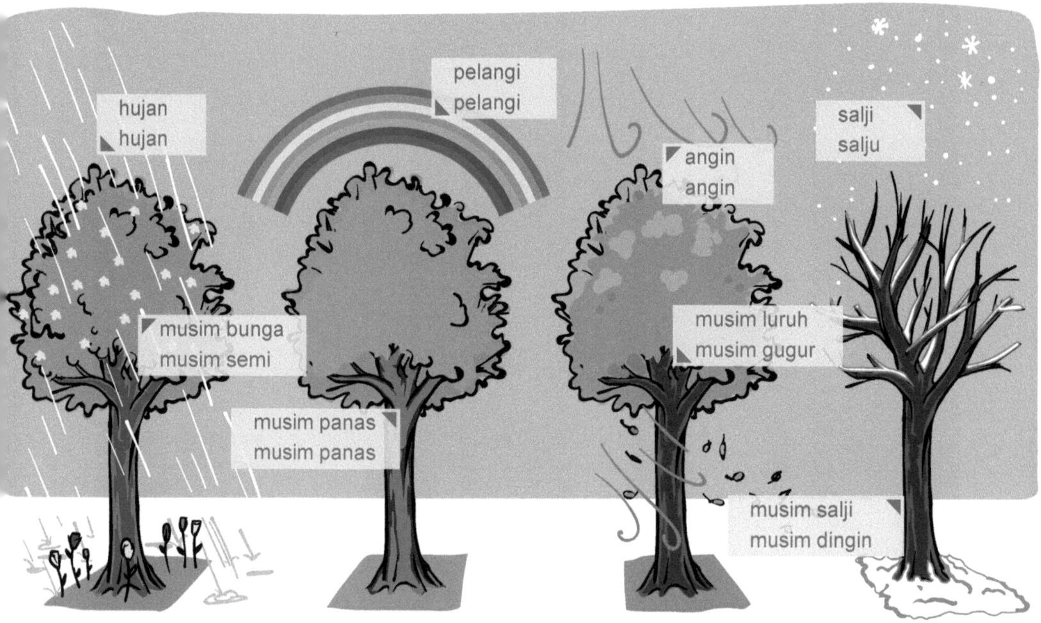

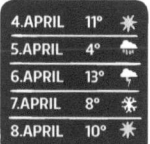

ramalan cuaca
....
ramalan cuaca

F C
120 40
90 30
60 20
30 10
0 0
-30 -10
-20

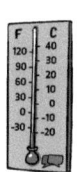

termometer
....
termometer

sinar matahari
....
matahari

awan
....
awan

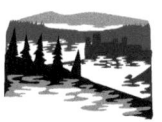

kabus
....
kabut

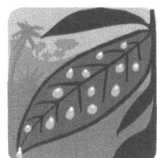

lembapan
....
kelembahan

kilat
kilat

petir
guntur

ribut
badai

hujan batu
hujan es

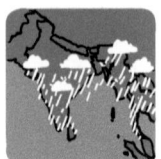

monsun
monsun

banjir
banjir

ais
es

Januari
Januari

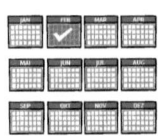

Februari
Februari

Mac
Maret

April
April

Mei
Mei

Jun
Juni

Julai
Juli

Ogos
Agustus

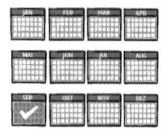

September
September

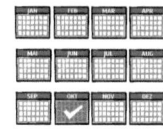

Oktober
Oktober

November
November

Disember
Desember

bulatan
lingkaran

petak
persegi

segi empat tepat
persegi panjang

segitiga
segi tiga

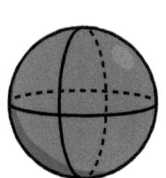

sfera
bola

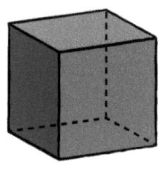

kiub
kubus

putih
....
putih

kuning
....
kuning

oren
....
oranye

merah jambu
....
pink

merah
....
merah

ungu
....
ungu

biru
....
biru

hijau
....
hijau

coklat
....
coklat

kelabu
....
abu-abu

hitam
....
hitam

banyak / sedikit

banyak / sedikit

marah / tenang

marah / tenang

cantik / hodoh

cantik / jelek

bermula / tamat

mulaih / selesai

besar kecil

besar / kecil

terang / gelap

terang / gelap

abang / kakak

saudara laki-laki / saudara perempuan

bersih / kotor

bersih / kotor

lengkap / tidak lengkap

lengkap / tidak lengkap

hari / malam

hari / malam

mati / hidup

mati / hidup

luas / sempit

luas / sempit

boleh dimakan / tidak boleh dimakan

dapat dimakan / tidak dapat dimakan

jahat / baik

jahat / baik

teruja / bosan

bersemangat / bosan

gemuk / kurus

gemuk / kurus

pertama / terakhir

pertama / terakhir

kawan / musuh

teman / musuh

penuh / kosong

penuh / kosong

keras / lembut

keras / lembut

berat / ringan

berat / enteng

lapar / dahaga

lapar / haus

sakit / sihat

sakit / sehat

menyalahi undang-undang / undang-undang

ilegal / legal

pintar / bodoh

cerdas / bodoh

kiri / kanan

kiri / kanan

dekat / jauh

dekat / jauh

baru / lama

baru / bekas

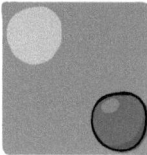

tiada / sesuatu

tidak ada apapun / sesuatu

tua / muda

tua / muda

hidup / mati

nyala / mati

terbuka / tertutup

buka / tutup

diam / bising

tenang / keras

kaya / miskin

kaya / miskin

betul / salah

benar / salah

kasar / halus

kasar / halus

sedih / gembira

sedih / gembira

pendek / panjang

pendek / panjang

lambat / laju

pelan-pelan / cepat

basah / kering

basah / kering

panas / sejuk

hangat / sejuk

berperang / berdamai

perang / damai

angka-angka

0

sifar

nol

1

satu

satu

2

dua

dua

3

tiga

tiga

4

empat

empat

5

lima

lima

6

enam

enam

7

tujuh

tujuh

8

lapan

delapan

9

sembilan

sembilan

10

sepuluh

sepuluh

11

sebelas

sebelas

12

dua belas

duabelas

13

tiga belas

tigabelas

14

empat belas

empatbelas

15

lima belas

limabelas

16

enam belas

enambelas

17

tujuh belas

tujuhbelas

18

lapan belas

delapanbelas

19

Sembilan belas

sembilanbelas

20

dua puluh

duapuluh

100

ratus

seratus

1.000

ribu

seribu

1.000.000

juta

juta

Bahasa Inggeris

Inggris

Bahasa Inggeris Amerika

bahasa Inggris Amerika

Bahasa Cina Mandarin

bahasa Cina Mandarin

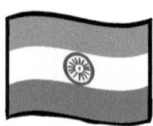

Bahasa Hindi

bahasa Hindi

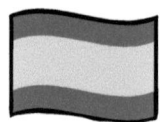

Bahasa Sepanyol

bahasa Spanyol

Bahasa Perancis

bahasa Perancis

Bahasa Arab

bahasa Arab

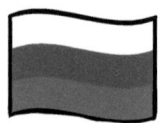

Bahasa Rusia

bahasa Rusia

Bahasa Portugis

bahasa Portugis

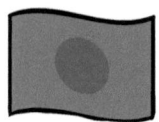

Bahasa Benggali

bahasa Bengal

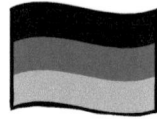

Bahasa Jerman

bahasa Jerman

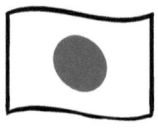

Bahasa Jepun

bahasa Jepang

saya

saya

anda

kamu

dia / dia / ia

dia

kita

kita

anda

kalian

mereka

mereka

siapa?

siapa?

apa?

apa?

bagaimana?

begaimana?

di mana?

dimana?

bila?

kapan?

nama

nama

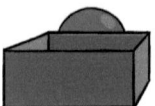

belakang
....
dibelakang

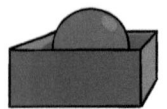

dalam
....
di

di hadapan
....
didepan

lebih
....
diatas

pada
....
diatas

di bawah
....
dibawah

bersebelahan
....
sebelah

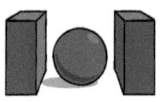

antara
....
di antara

tempat
....
tempat